voiceJunction
at Christmas

SATB unaccompanied

OXFORD

Toby Young

Come and dance

T0346699

Difficulty level ● ● ● ○

for John Lubbock and the Ashmolean Voices

Come and dance

Jennifer Thorp (b. 1988)

TOBY YOUNG

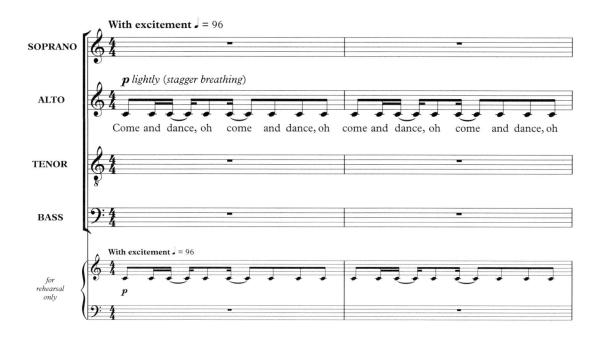

Duration: 3 mins

Printed in Great Britain

OXFORD UNIVERSITY PRESS, MUSIC DEPARTMENT, GREAT CLARENDON STREET, OXFORD OX2 6DP

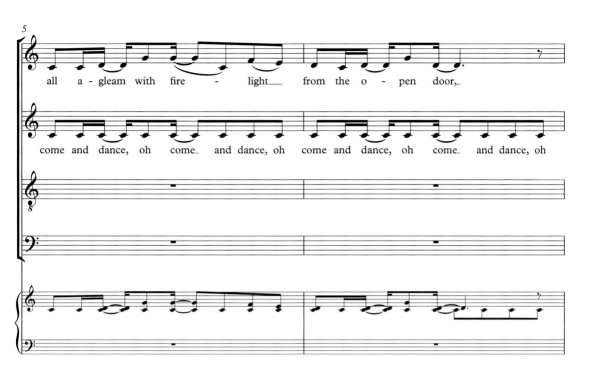

all a-gleam with fire - light__ from the o - pen door,__

come and dance, oh come_ and dance, oh come and dance, oh come_ and dance, oh

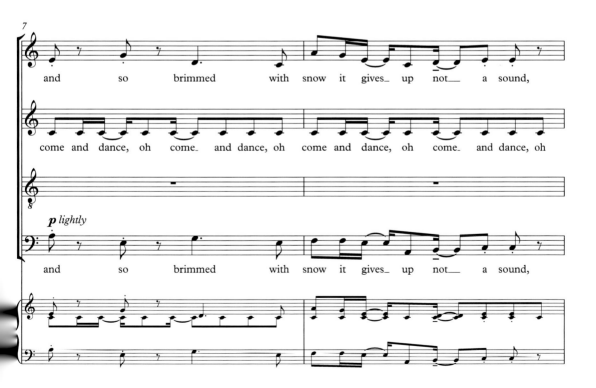

and so brimmed with snow it gives_ up not__ a sound,

come and dance, oh come_ and dance, oh come and dance, oh come_ and dance, oh

p *lightly*

and so brimmed with snow it gives_ up not__ a sound,

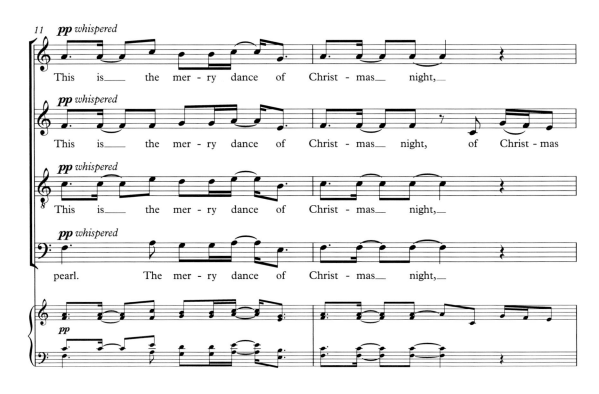

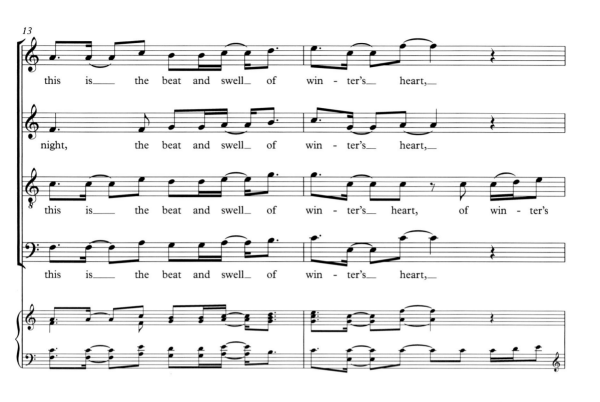

cir - cle round the soar - ing pine, sap as dark as hon - ey shin - ing

come and dance, oh come and dance, oh sap as dark as hon - ey, oh

cir - cle round the soar - ing pine, sap as dark as hon - ey oh

cir - cle round the soar - ing pine, sap as dark as hon - ey

on the bows, crowned with can - dles,

come and dance, oh come and dance, oh come and dance, oh come and dance, oh

shin - ing on the bows, crowned with can - dles,

shin - ing on the bows, crowned with can - dles,

Christ - mas__ night,__ this is__ the beat and swell__ of

Christ - mas__ night, of Christ - mas night, the beat and swell__ of

Christ - mas__ night,__ this is__ the beat and swell__ of

Christ - mas__ night,__ this is__ the beat and swell__ of

win - ter's__ heart, this is__ the mes-sage born up - on the__ air:__

win - ter's__ heart, this is__ the mes-sage born up - on the__ air:__

win - ter's__ heart, of win - ter's heart, the mes-sage born up - on the__ air:_____

win - ter's__ heart, this is__ the mes-sage born up - on the__ air:_____

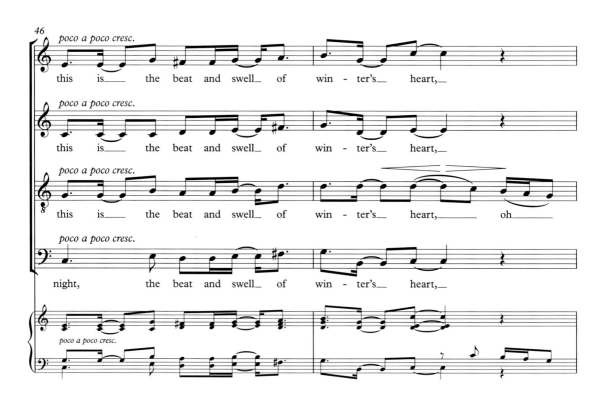

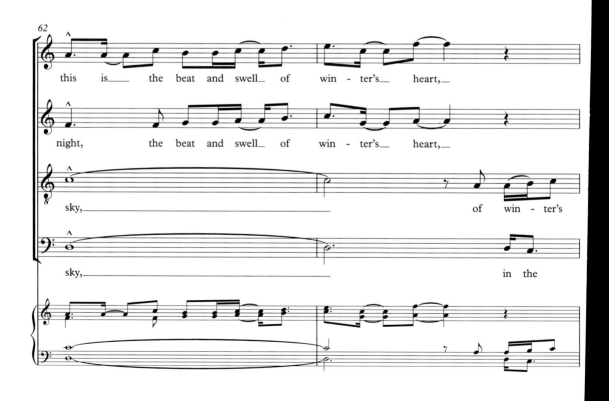

18

ISBN 978-0-19-353948-8